東京の
美しい
本屋さん

最新改訂版

Beautiful
Bookstores
in Tokyo

田村美葉

X-Knowledge

GERMANY

フランス
RUSSIAN
art, design, architecture,
geography, economy,
history, travel, literature…
ロシア
フィンランド駅へ
犬が星見た
真夜中の太陽
パッション・アンド・アクション
シュルレアリスム絵画と日本
アール・ブリュット

PICTOGRAM DESIGN
写真集
日本の倉
木の民家 ヨーロッパ
WOODEN HOUSES IN EUROPE
SOUNDART
SOUND AS A MEDIUM OF ART
Female Chic
Thema Selection
Story of a Fashion Label
matisse METAMORPHOSES
EILEEN GRAY
ROTATING OBJECTS
GABRIEL OROZCO
SUKITA
WILLIAM KENTRIDGE
THE REFUSAL OF TIME
MONDRIAN DE STIJL
HATJE CANTZ
Sorted.
DRAWING IS THINKING
MILTON GLASER
NIKKEI
furniture

SHAKER
山の眼玉
The Poetry of Silence
CHRISTIAN
DIOR
DESIGNER OF DREAMS
Thames & Hudson
lars dybdahl

はじめに

子どもの頃、本好きの父に連れられてよく通っていた本屋さんは、新しい世界への入り口でした。児童書のコーナーで出会う物語の主人公や、伝記の人物たちの人生に心躍らせたり、文房具のコーナーでは、これを使って何をしようかワクワクしたり。本屋さんは今も昔も変わらず、自分の「想像力」の一歩外側へと連れて行ってくれる場所です。インターネットでの検索や、知り合いの集まるSNSだけでは出合えない「何か」があるから、ちょっと自分の中で停滞や息苦しさを感じた時には、本屋さんへと自然に足が向かいます。

この本では個性溢れる「東京の美しい本屋さん」を33店、取り上げました。「美しい」と一言でいっても、その形はさまざま。グラフィックやデザインの本、写真集、絵本などの「美しい本」を扱うお店はもちろん、ヴィンテージの家具やたくさんの植物を集め、空間づくりにこだわったお店。街のひとたちや常連さんの憩いの場所となっている居心地のよいお店など。棚の配置や本の並べ方ひとつひとつに、そのお店の想いが込められています。

パンデミックの時代を経て、リモートやオンラインでできることを模索しながらも、「人が集まる場所がある」ことの大切さがより際立ったように感じます。特に会話がなくてもそこに人の気配があることで安心したり、自宅以外に一息つける場所を持つことでリフレッシュできたり。この本で紹介したどのお店も、そんなふうにちょっとだけ自分の居場所がほしい時の、支えになってくれる場所ばかりです。

この本を手にとり、魅了されるお店があったら、ぜひ足を運んでみてください。人生を豊かにしてくれる出会いがきっと待っているはずです。

目次

Beautiful
Bookstores
in Tokyo

撮　影　上原未嗣
デザイン　山本洋介（MOUNTAIN BOOK DESIGN）
印　刷　シナノ書籍印刷株式会社

本書は2019年11月に発刊された『東京の美しい本屋さん』を改訂・加筆したものです。

01

（ 三軒茶屋 ）

twililight《トワイライライト》

陽光がたっぷりと差し込む
日常を照らす場所

この愛は闘いだぞ、
わかるか？

こじんまりとした入り口とのギャップに驚く、明るく開放感のある店内。カフェスペースは窓に向けてソファやチェアが配置されています。

上. 屋上にあるとっておきのテラス席で、トワイライトに特別な時間を。
下. 天窓から差し込むやわらかな光が、ギャラリースペースを照らします。

人生に必要な「余計なもの」を求めて

　休日は歩行者天国になる、にぎやかな茶沢通り。通りに面したパン屋さんの脇にひっそりと、秘密基地への入り口があります。階段を3階まで上っていくと、入り口からは想像できないほど開放的な空間が広がっていました。

　元は住宅だったそうで、よく見ると当時のお風呂のタイルや古い柱が残されているこの場所は、つくりこみすぎず、どこかほっと一息つける〝隙〟が残された空間です。店主の熊谷《くまがい》充紘《みつひろ》さんが持ち寄った家具や雑貨がそこに溶け込み、コーヒーやスイーツ、名物の「たそがれクリームソーダ」をゆっくり楽しめます。入り口から見て右側の天窓のある空間は、自然光が印象的なギャラリーです。

　手に取った人の心のありかを照らしてくれる内容かどうかと考えながら、お店に置く本を選書されているそう。新刊本をメインに、ご自身が出版された本やレコード、オリジナルのグッズまで販売されています。

「twililight」というお店の名前は、正しさや効率が求められる世の中で「無駄なもの」「余計なもの」をなにか付け加えたい、とつけたもの。「黄昏」を意味する「twilight」に「li」を足して「初めから間違っている」状態にしたことで、失敗してもいい、間違ってもいいんだというメッセージが込められています。

「提供したいのは、本だけではなく、ここで過ごす時間」と熊谷さん。茶沢通りを行き交う人々をぼんやりと眺めることができる屋上は、黄昏時、まさにトワイライトにはちょっと特別な場所に。人生においては「余計」かもしれないけれど大切な時間を過ごしに通いたくなるお店です。

書き間違いのような「twililight」という店名に、メッセージが込められています。

DATA

住　所　世田谷区太子堂4-28-10
鈴木ビル 3F・屋上
最寄駅　三軒茶屋
時　間　12：00～21：00
定休日　火・第一、三水
電　話　なし

02

（ 恵比寿 ）

Galerie LIBRAIRIE6
シス書店

ギャラリー リブレリーシス　Shisu Shoten

芸術家の書斎に迷い込む

1. 書斎のような雰囲気。一点一点時代を感じるものが集められています。2. ギャラリーと書店を区切る壁一面にシュルレアリスム関連書籍が並びます。3. 家と同じような温かい光の中で作品を鑑賞できます。

2

シュルレアリスムへの入り口

恵比寿駅西口を出て坂道を上がってすぐ、小さなビルの3階。ドアを開けると「都心にこんな空間があったなんて」と驚く、静謐《せいひつ》な空間が広がっています。ここは、「Galerie LIBRAIRIE6」。フランスの詩人アンドレ・ブルトンが提唱した芸術運動「シュルレアリスム」に関連するアートや人文系書籍の集まるギャラリー・書店です。

　店内にはオーナーの佐々木《ささき》聖《しょう》さんがパリで買い集めたアンティーク雑貨が並び、スポットごとに照らされるランプの明かりもどこか現実離れした空間をつくり出していて、一気にその世界観に引きこまれていきます。

　動物がお好きな佐々木さん。動物モチーフのオブジェや、シュルレアリスムのアート作品も書棚には紛れ込んでいて、まるで、シュルレアリスム作家の自宅の一室に迷い込んだかのよう。

　ギャラリーでは1ヶ月に一度、様々な作家の個展が開催されています。もし、こうしたギャラリーに来るのが初めてでも、佐々木さんの丁寧な解説を聞きながら鑑賞できるので安心です。

　書店には貴重な「シュルレアリスム宣言」の初版本をはじめ、佐々木さんの深い知識と造詣に基づいて集められた関連書籍が揃っているので、一歩足を踏み入れると好奇心を刺激されて何度もこの書店に通うことになりそうです。

DATA

住　所　渋谷区恵比寿南 1-12-2
　　　　南ビル 3F
最寄駅　恵比寿
時　間　12：00 ～ 19：00
　　　　日祝 12：00 ～ 18：00
定休日　月・火
　　　　（展覧会開催期間外は休み）
電　話　03-6452-3345

03

（西荻窪）

松庵文庫

Shouanbunko

築90年の古民家で過ごす
唯一無二の時間

1-2. ハーブが生い茂る庭を眺めながらくつろげます。お気に入りの席を選べる楽しさも。**3.** 棚に並ぶ時代を経た本が絵になります。**4.** ヴィンテージの机や椅子に、グリーンの読書灯が似合います。**5.** 築 90 年になる古民家。入り口で靴を脱いで上がります。**6.** 植物のディスプレイもたくさん。季節の移ろいを演出。

6

西荻窪の静かな住宅街の中でひときわ異彩を放つ、立派な古民家。靴を脱いで玄関をあがると、目に飛び込んでくるのは中庭にある樹齢100年を超える大きなツツジの木。あまりに見事な枝ぶりに、しばらく言葉を忘れて見惚れてしまいます。

もともとご近所に住んでいらしたという店長の岡崎友美《おかざきともみ》さん。この古民家に住んでいた音楽家のご夫婦が家を手放すという話を聞き、ここを守りたいと手を挙げられました。シェアハウスにする計画もあったそうですが、この見事なツツジの樹のある中庭を活かすにはカフェやギャラリーの方が合うだろうと、今の形態に。こうして、この場所がもつ本来のよさが最大限に活かされた、素晴らしいお店になりました。

お店にある家具は、岡崎さんのお祖母様の家や、鎌倉、西荻窪の古道具屋さんからなど、どれも時代を経て受け継いだものばかり。カフェスペースでは、岡崎さんが家から持ち寄った文庫本や、京都の韓国喫茶「李青《りせい》」から譲られた民芸にまつわる本、知り合いの文学研究者から受け継いだ本など、棚に並ぶ古本を自由に読むことができます。

お店手前のギャラリーに集まるのは、手にとれば作り手の想いが伝わってくるような、暮らしの道具や器などの雑貨。同じ西荻窪にある本屋Title（74頁）の店長、辻山良雄《つじやまよしお》さんがセレクトする新刊本も並びます。

金曜日と土曜日は「夜文庫」として夜の22時まで営業。ここでコーヒーを飲み、庭を眺めながら静かに楽しむ夜は、なんて贅沢なことだろうと想像してしまいました。ゆっくりと濃い非日常の時間が楽しめる、唯一無二の空間です。

庭を眺めながら、心休まる読書を

右．本とともに、食器や布など、自分の暮らしへの夢がふくらむ雑貨も並びます。**左．**お店に並ぶ古本の来歴は様々。思いもよらぬ出会いがあるかもしれません。

DATA

住　所　杉並区松庵3-12-22
最寄駅　西荻窪
時　間　9:00～18:00
　　　　金土9:00～22:00
定休日　月・火
電　話　03-5941-3662

中国詩人伝
中国書人伝
中国画人伝
陳舜臣
日々、蚤の市
これは「骨董」ではない
絵画と音楽
ALEXEY BRODOVITCH
幸田文全集
わが陶器造り
韓国の石仏
朝鮮白磁展 I
石の民芸
木の民芸
石の民芸
金の民芸
ガラス工芸
天涯
作家のインデックス
ヒマラヤの高峰
深田久弥
LA RAISON DE VINCENT VAN GOGH
伊万里
高麗の青磁
世界民族美術展

菓子屋シノノメの焼き菓子
果実とパン
生活図鑑
新しいサラダ
verdure
30日のイタリアン

04

（ 白山 ）

plateau books

プラトーブックス

街の工務店が手がける
シックで落ち着いた本屋

1. ヴィンテージの大きな机でコーヒーを味わいながら本を読めます。**2.** 大きなウォールラックにはおすすめの本が。**3.** 専門知識を生かした建築書から人文、料理、絵本など親しみやすいジャンルの本まで並びます。**4.** ところどころに並べられた古家具・古道具からあたたかみを感じる空間です。

街にとけこむ新しい居場所

天井の高い広々とした空間。真ん中には、大きな机。ゆったりと本が並ぶ静かな空間で、自分だけの時間を過ごせます。「plateau books」は、工務店・東京建築PLUSに併設された本屋さん。街との関わりも多い工務店のお仕事。地域とのつながりが持てるような、ひらかれた場所をつくりたいと始められました。この空間の設計・施工ももちろん、自分たちで。コンクリート打ちっぱなしの空間に、古材でつくられた本棚やヴィンテージの家具がゆとりを持って並び、おだやかで静かな時間をゆっくり楽しむのにもってこいの場所です。

建築関係の本も多くありますが、フェミニズムに関する本や、ちょっとディープな旅行記に植物図鑑まで、お、と目をひく選書の本が並びます。選書を担当する贄川雪《にえかわゆき》さんは、「街にひらかれた本屋さん」として気軽に立ち寄ってもらえるよう、お客さんと対話しながらここに置く本を考えているのだとか。

大きな机では、本を読みながら秦野《はたの》の「And Roaster」のコーヒーやお茶菓子などがいただけます。お茶菓子はご近所にある「フランス菓子エリティエ」のもの。ここで出合って、買いに行かれる方もいるのだそう。

朗読会も毎月開催され、本との出会いだけではなく、新たなコミュニケーションが生まれる場にもなっています。洗練されたクリエイティブな魅力を感じる空間でありながら、そっと寄り添ってくれるあたたかさもあり、自分の新しい居場所を見つけたような気持ちになる本屋さんです。

大きな窓から差し込む光が、
静謐な空間を照らします。

DATA

住所	文京区白山5-1-15 ラークヒルズ文京白山2F
最寄駅	白山
時間	12:00～18:00
定休日	月～木
電話	なし

KAIDO
London
BRUTUS
NICHOLSON
GREATER LONDON MAP
CENTRAL
LONDON
NEW 5-SHEET SERIES

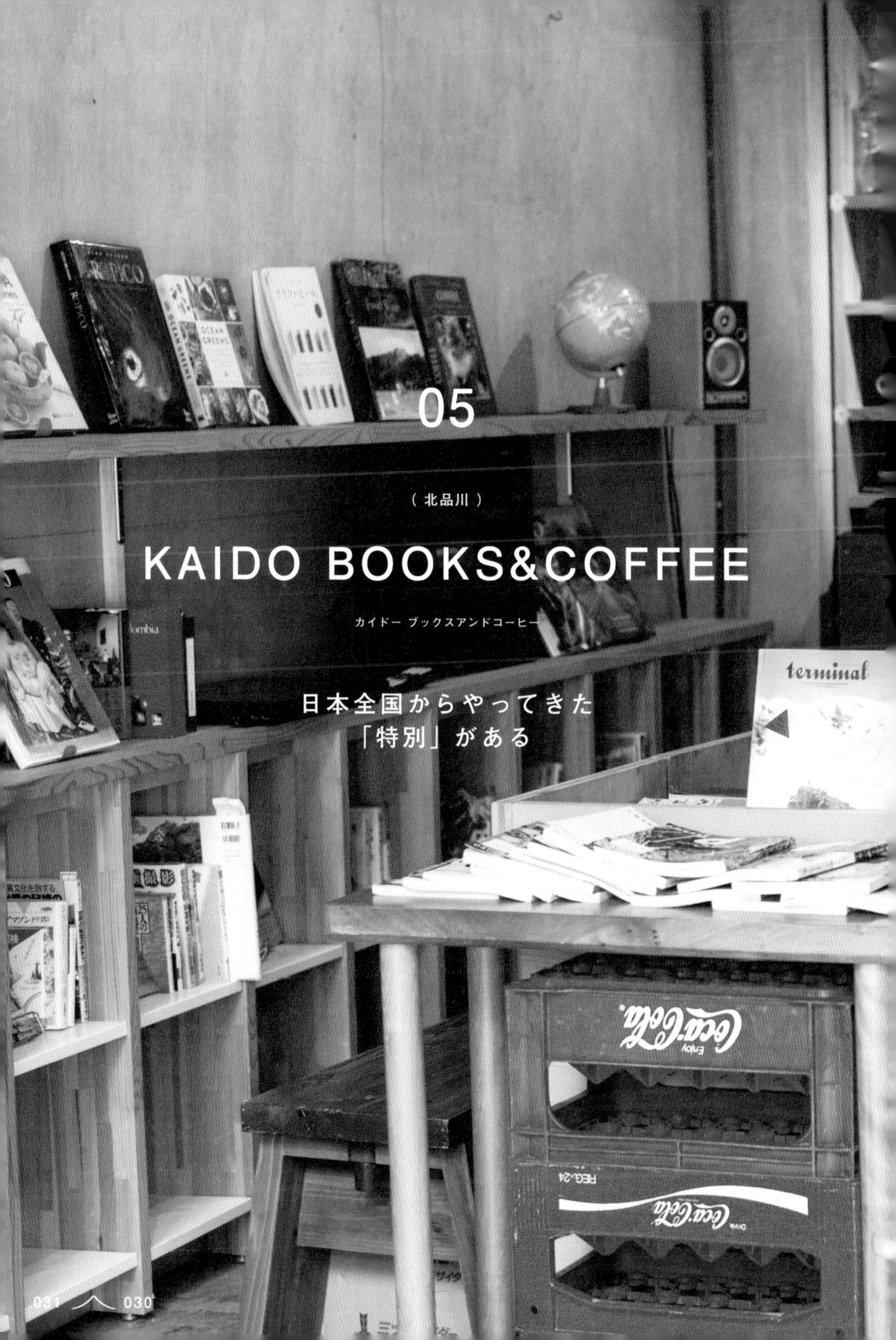

05

(北品川)

KAIDO BOOKS&COFFEE

カイドー ブックスアンドコーヒー

日本全国からやってきた
「特別」がある

COLOMBIAN GROWN
RURAL COLOMBIA
COLOMBIA cocina de regiones
COLOMBIA
MAGIA SALVAJE
ANDRÉS HURTADO GARCÍA
COLOMBIA secreta
BOTERO
ふしぎ大陸
南極展2006

右.1階入り口の壁際には、特集テーマに沿った本が並びます。**上.**奥のカウンターでコーヒーがいただける他、こだわりのフードメニューも。**下.**1階の壁画は「旅」をイメージして地元出身の漫画家さんに描いてもらったもの。

一枚板の大きなテーブルは長野県飯田市の「うもれ木」を使ったもの。本棚も、日本各地から集められた間伐材が使われています。

高層ビルが建ち並ぶ品川駅から歩いて15分ほど。旧東海道の一番目の宿場町である「品川宿」に、「旅に出たくなる本屋さん」があります。

店長の佐藤亮太《さとうりょうた》さんは、浅草で人力車を引いていたという経歴の持ち主。街の案内をするうちに、歴史を知ると見え方がだいぶ変わることに気づき、では自分自身が生まれ育った街である品川で何ができるかと考えました。たくさんのマンションが建ちどんどん人は増えているけれど、一方で商店街のお店はどんどんなくなっていく。人が集まる「場所」をつくらなくてはという思いで、お店を始めることを決めました。

お店に並ぶ１万５０００冊の蔵書のうち、1万冊は「ジャーニーラン」の先駆者であり、古書店を営まれていた知人の田中義巳《たなかよしみ》さんから譲り受けたもの。他に、全国の自治体か

街の歴史をコーヒーと共に

1. 落ち着いた雰囲気で、1日中ゆっくり過ごす方も多いそう。2. カフェカウンター前に敷き詰められた煉瓦は、日本で初めて耐火煉瓦をつくった「品川白煉瓦」のもの。

DATA

住　所　品川区北品川2-3-7 丸屋ビル103
最寄駅　北品川
時　間　9:00～18:00
定休日　火
電　話　03-6433-0906

ら寄贈された本もあります。

　2階の大きな一枚板のテーブルは、長野県飯田市が提供してくれた2300年前の「うもれ木」を使ったもの。本棚は日本全国からやってきた間伐材でつくられています。

　貴重な資料も多く、集中して調べ物ができそうな2階の雰囲気とは一転、1階は雑誌や雑貨も置かれゆったりとスペースがとられた明るい雰囲気。印象的な壁画は、地元の漫画家、桐村海丸《きりむらかいまる》さんが「旅」をテーマに描いてくれました。カフェカウンター前に敷き詰められたなんともいい雰囲気の煉瓦は、日本で初めて耐火煉瓦をつくった「品川白煉瓦」のもの。

　本とともに、日本全国そして地元品川から思いのこもったものが集まって、新しい「出会い」へと誘う空間になっています。

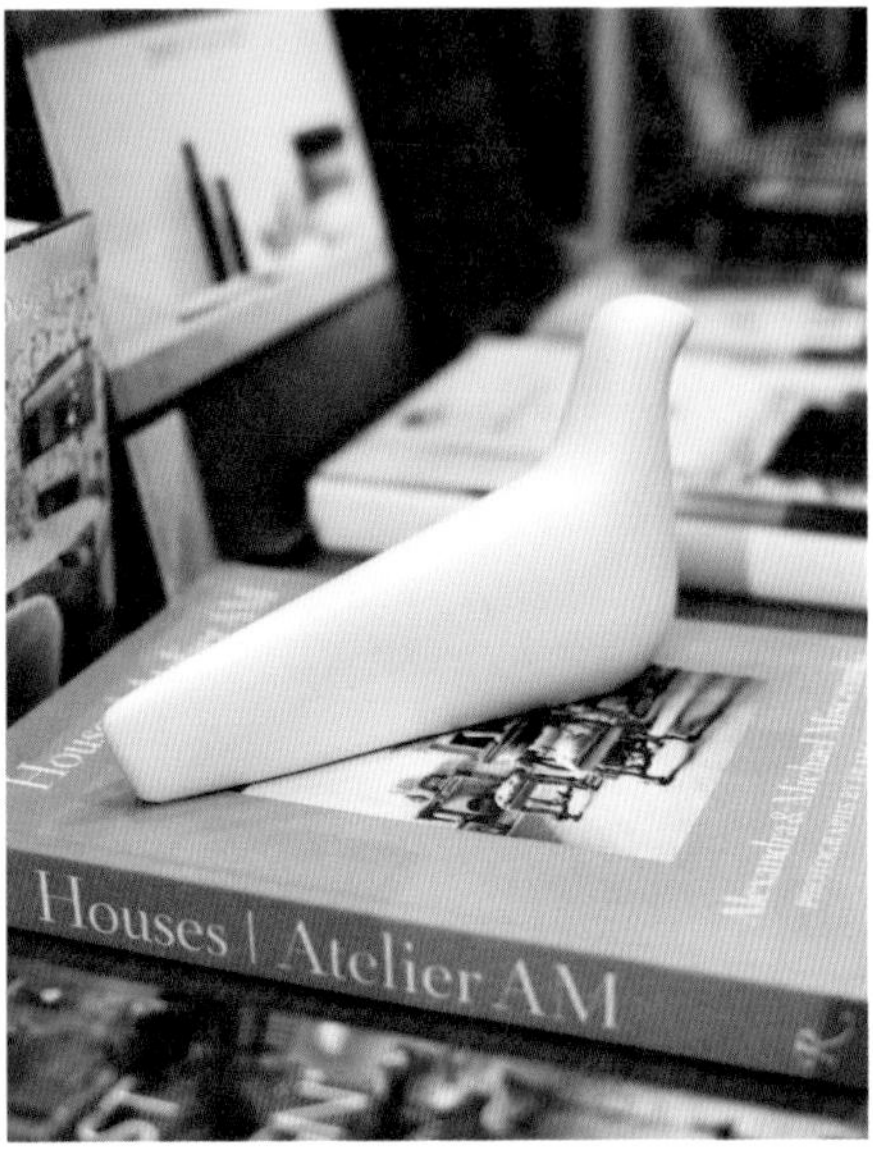

06

（ 六本木 ）

BIBLIOPHILE

ビブリオファイル

本とインテリアの
組み合わせを楽しむ

GRAPHIC DESIGN
TOSO
LIGHTOPIA
OLIVIER GAGNÈRE
JAMES IRVINE
1000 CHAIRS
TASCHEN
RAPHIC DESIGN
ALAN KITCHING
LetterScapes
WILHELM DEFFKE
please do not touch
THE MATERIALS SOURCEBOOK FOR DESIGN PROFESSIONALS
EVOLUTION
Future kind
Thames & Hudson
NEUE TYPOGRAFIEN
100
JAHRE FUNKTIONALES GRAFIKDESIGN IN DEUTSCHLAND
Shiro Kuramata
SuperDesign
FOUND IN TRANSLATION
101 danish design icons
Erik Bruun
Signage Design Manual
Kartell
Knoll
THE VITRA CAMPUS
KOLOMAN MOSER
WIENER WERKSTÄTTE
L'art de l'enfance.
Tomi Ungerer
LOGO MODERNISM
PACKAGING DESIGN

1. デザイン性の高い本が揃い、表紙が見えるように工夫して並べられています。**2.** 子どもも楽しめるデザインブックも充実。**3-4.** 古書の取り扱いもあります。

本のある暮らしを夢見る

　文化人が集まる地である港区の飯倉片町《いいぐらかたまち》で、「デザインのある生活と社会の実現」を目指して開発されたコンセプチュアルなデザイン拠点、AXISビル。デザイン開発や雑誌の出版を行う株式会社アクシスによる直営店やギャラリー、そしてコンセプトに合致するショップが多数入っていて、デザイン、建築、インテリアの分野に興味のある人にとってちょっと特別な場所です。

　直営のライフスタイルショップであるLIVING MOTIFの2階、オフィス家具やステーショナリーを扱うフロアの奥にあるのが、「BIBLIOPHILE」。洋書やデザイン専門書を扱う専門書店です。図書館のようなハシゴがかかった天井まである本棚にずらりと並ぶのは、書斎の顔になるようなデザイン性の高い本ばかり。アートブックを中心に、洋書や古書、ポップアップ絵本や雑誌まで揃い、専門的な本を探しにきた方から、何気なく訪れた方まで、「これは」と思う本がきっと見つかります。

　一番の特徴は、LIVING MOTIFで扱う家具やインテリアとの組み合わせで本を選べること。フロアを歩き回ってみると、書棚以外の店内の色々なところに本が置かれています。赤い壁の前には赤い本。車のオブジェの前には車に関連した本、デザイナーズチェアの隣にはそのデザイナーに関連した本というように、「本のある暮らし」を想像できるような仕掛けがたくさん。デザイン性の高いシェルフやブックエンドも揃っているので、どんな書斎をつくろうかと妄想が止まりません。

デスクやブックシェルフも合わせて並び、「理想の書斎」をイメージすることができます。

DATA

住　所	港区六本木5-17-1 AXISビル2F
最寄駅	六本木
時　間	11:00～19:00
定休日	なし
電　話	03-3582-2707

東京史
Art
美術の物語
世界で読まれている美術史の本
新しい分かり方
原田マハ、アートの達人に会いにいく
K-POP現代史
ロックの正体
定本 ヒッチコック映画術
風の谷のナウシカ

07

（三鷹）

UNITÉ

ユニテ

自分の内なる声に耳を傾ける

三鷹駅からまっすぐ南に伸びる中央通りを歩いて15分ほど。2022年9月にオープンした小さな本屋さんが話題を集めています。オーナーの大森皓太《おおもりこうた》さんが、学生時代を過ごした京都で通っていたブックカフェ「ユニテ」の名前を受け継いでスタートした、本と珈琲の店「UNITÉ」です。

廃材を利用してつくられた本棚やテーブル。内装業者さんの倉庫に眠っていた照明や棚、京都のユニテからもらった椅子などで構成された店内は、どこかほっとする居心地のよい雰囲気がつくられています。時間もどこかゆるやかに流れ、本1冊ずつと真剣に向き合いたくなる空間です。コーヒーは京都にあるTRIBUTE COFFEEで焙煎されたものを提供。滋賀県を拠点に作陶されている陶芸家・中根楽《なかねがく》さんの器でいただけます。

本を通じて自分自身を見つめ直す

DATA

住　所　三鷹市下連雀
4-17-10 SMZ ビル 1F
最寄駅　三鷹
時　間　12:00～20:00
定休日　月（月曜日が祝日の場合翌火曜）
電　話　なし

1. 店内中央の平台には本がゆとりをもって並びます。**2-3.** 本棚で隔てられた空間で、集中して本の世界に浸れます。コーヒーには豆のかたちのクッキーが添えられていました。**4.** 奥の棚には学術書が。

小さな間口だけれど奥まで見通せる店内を歩いてみると、本をめいっぱい配置するのではなく、空間にゆとりをもって並べられていることに気づきます。

「本を売ろうとは思っていない。本は人が集まる装置になればいいと思っています」と大森さん。「自分で見つけて、自分の決断で買う」ことに意味があると、選ぶのに疲れるほどの量の本は置かず、一冊一冊と向き合えるように、間隔をあけてゆったりと配置。「お客さんの内省や決断を邪魔しないように」と、ポップも付けていません。

気になる本を見つけたら、店内の席でじっくりコーヒーを飲みながらその世界に没入したり、時にはお店で開かれるイベントに参加してみたり。新たな一冊との出会いのためにまた出向きたくなる、そんな本屋さんです。

I'm hot!!
for vildt
CAVIAR

08

（中目黒）

Under the mat

アンダー ザ マット

「居心地よさ」を
育てていく場所

上. 天井近くまで空間をフル活用。**下.** カラフルな雑貨と本に囲まれて。どこに座るかによって、まったく異なる表情が見られます。

1

2

3

1-2. お客さんが「これ、ここに置かせて」と、雑貨を置いていくことも多いのだとか。3.「マットの下、親しい人だけに教える、秘密の鍵の隠し場所」という、お店の名前に込められた意味を聞くだけでワクワク。

ワクワクが溢れる秘密の場所

「隠れ家的ブックカフェ」なんて言うと、ちょっと安直な表現に聞こえてしまいますが、中目黒のここ「Under the mat」は、まさにそう呼ぶしかないでしょう。小さなビルの2階、扉を開けると溢れんばかりの雑貨と本が待ち構えています。

「ブックカフェ」とは言っても、この場所をどんな風に使うかは、お客さんに委ねられています。置かれているピアノ（ロマノフ王朝時代の由緒あるブランドのものだそう！）で練習をする人もいれば、アコースティックライブが即席で開催されることも。

　お店に置かれた家具や雑貨はなんとほとんどが拾ってきたもの、もらったものでできているそう。「もう一度つくれと言われても絶対無理」と店長の藤崎悦朗《ふじさきえつろう》さんが話す通り、様々な来歴のものが組み合わさって渾然一体となり、それがまさしく「この場所らしさ」を表しています。それでも、ただゴチャゴチャしているわけではないのが不思議だなぁと色々な席に座ってみましたが、天井に吊り下げられた様々なオブジェで、どこに座っても他の人と目線が合わないように、なんていう気配りが。お店に来た人も一緒になって、みんなで「居心地よさ」を育てている、そんな不思議な空間でした。

DATA

住　所　目黒区中目黒3-6-7 河田ビル2F
最寄駅　中目黒
時　間　12:00～19:00※
定休日　月
電　話　03-6412-7375
※インスタグラム（@utm_nakameguro）にてイベント開催時の営業時間を確認できる

09

（ 吉祥寺 ）

book obscura

ブック オブスキュラ

「写真集」の
奥深い魅力に気づく

Ephemeral Paradise
8/15 thu — 9/9 mon
knock
knock

上. ギャラリーでは、若手写真家を中心に展示を開催。大きな机で気になる写真集を広げて見るのもおすすめ。**下**. 自費出版のものも含め、写真の世界を楽しめます。

やわらかい自然光と、所々に置かれたグリーンに癒されます。

DATE

住　所　三鷹市井の頭 4-21-5
フジパークマンション 103
最寄駅　吉祥寺
時　間　12：00 ～ 19：00
定休日　火・水
電　話　0422-26-9707

写真への愛とアットホームな店づくり

吉祥寺駅から井の頭公園を抜けて少し進んだ先の住宅街に、写真集を専門に扱う本屋さんがあります。

「私、写真集オタクなんです」と明るく話してくれたのは、店長の黒崎《くろさき》由衣《ゆい》さん。10代の頃に出会ったチェコの写真家ヨゼフ・クーデルカの写真集に衝撃を受け、以来、写真集を溺愛する日々。念願の自分のお店をオープンしました。

最初はお店の名前を「うちん家」にしたかった、と黒崎さん。古道具屋さんで購入した家具や、木箱を積んでざっくりとつくった大きな展示台、ぴったり窓の部分を空けて設えた本棚。窓際にはゆっくりコーヒーを飲みながら本を読めるスペースもとられ、近所の方がカフェのようにふらっと立ち寄ることも多いのだそうです。

写真集の棚も、アルファベット順で並べるのではなく「ファッション写真」「アメリカの写真家」などわかりやすく分類。手に取って、ただ綺麗、と感じるところから一歩踏み込んで、写真家の生い立ち、思いにも興味を持つと印象がどんどん変わっていく。自分がそうだったように、訪れた人にもそんな体験をしてほしいと、たっぷり解説をしてくれます。

お店の左側は、今活躍する新しい写真家さんのためにとつくられた展示スペース。展示の内容に合わせて毎回コーヒーをセレクトするというこだわりも。五感を通して、楽しく、そしてじっくりと、写真集の持つ魅力に引きこまれていくお店です。

10

（ 駒沢大学 ）

SNOW SHOVELING

スノウ ショベリング

不思議な出会いが訪れる
“本屋のような何か”

by the human mind."
LETTER PRESS
Bookbinding
beats
index A to Z
THE IRUKA HOTEL

Book is Power
Books ARE PROOF THAT

NEWSSTA
COFFEE WATER SOUVENIR ZINES
BEER SODA SNACKS MAGAZINE PRINTS
DRINKS
BOOKSTORE RULES
NOTICE

3

Blind Date with a Book

2

1. いくつもの間接照明でやわらかく照らされた店内。2.「Blind Date with a Book」のコーナー。紹介文が一行記された袋に本がしまわれており、購入するまで書名も内容もわかりませんが、イベント感が楽しいです。3. 店内でいただけるちょっとしたドリンクメニューも。4-5. あらゆる場所に平積みされている本。6. “本好き” のためのアパレル商品も。

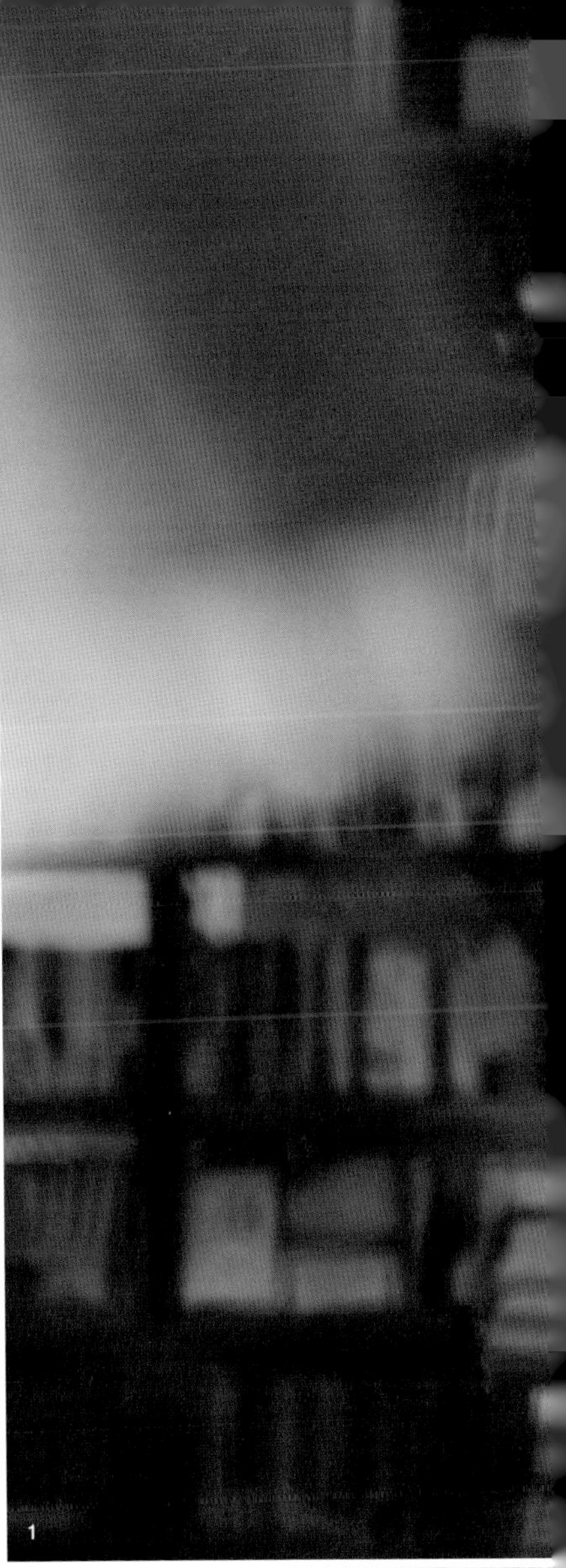
1

4

あたたかな光の灯る場所で宝探し

一歩お店に足を踏み入れると、その世界観に引き込まれる——。つい、時間を忘れてのめりこんでしまう小説に出会った時のようなワクワク感のある本屋さんが「SNOW SHOVELING」です。

店主の中村秀一《なかむらしゅういち》さんは、10代後半から20代にかけて世界のあちこちを旅した際に本屋さんを巡り歩いたそう。お店に流れる居心地よいアットホームな空気感は、ニューヨークを旅した際に訪れた本屋さんやホテルがソースになっています。

エースホテル・ニューヨークのラウンジの自由な空気感を参考に、お店の奥には来た人が自由に座れるソファが。ここを本を買うための場所だけでなくコミュニティスペースにしたいという思いから、お客さん同士のアイコンタクトが自然と生まれるように、ローテーブルを囲む配置になっています。

壁側にずらりと並ぶ本棚からも溢れて雑多に積まれている本は、あえて見やすさよりも、「ほどよい見づらさ」を維持するようにしているそうで、自分だけの掘り出し物を探す楽しさがあります。

「本を読むことが〝かっこいい〟と思ってもらえるようにしたい」と中村さん。お店の片隅にはオリジナルのアパレルなど、〝本好き〟のためのおしゃれなアイテムが並びます。オリジナルで作られている古本を使ったライトなど、お店にあるインテリアも、お客さんに欲しいと言われたら売ることもあるのだそう。

時にはイベントが開かれたり、中村さんにタロット占いをしてもらえたり。〝本屋のような何か〟であるこのお店では、通うたびにちょっと不思議な出会いが待っています。

1. 古本と組み合わせてつくったオリジナルのライトがカウンターを照らします。**2.** 中村さんが本を選ぶ基準は「自分の家の本棚に置きたい本」。いい言葉に出会うと気分が上がるからと、様々なメッセージが店内に掲げられています。

DATA

住　所　世田谷区深沢 4-35-7 深沢ビル 2F
最寄駅　駒沢大学
時　間　13:00～18:00
定休日　水
電　話　03-6432-3468

1 Page AT A TIME
A DAILY creative COMPANION
ADAM J. KURTZ

11

（神楽坂）

かもめブックス

Kamome Books

愛される
街の本屋さんを守る

1. 入り口には、カフェのカウンターと３週間ごとに入れ替わる店頭特集の棚。奥まで見渡せて、明るく入りやすい雰囲気のお店です。**2.** 絵本が並ぶ棚の前には、子ども用の可愛らしい椅子が。**3.** 文具のコーナーも。書籍校閲の会社ならではのアイテムもあります。**4.** 奥にはコミックスの棚も。10代の頃に熱中した懐かしいタイトルも並びます。

本を手に取る「しかけ」が溢れる

神楽坂駅を出てすぐ、可愛らしいかもめのロゴに惹かれ、つい立ち寄りたくなる本屋さんがあります。運営するのは、書籍校閲専門の校正会社、鷗来堂（おうらいどう）。元々ここにあった本屋さんの閉店を知り、街の本屋さんを失ってはいけないと、同じ場所を引き継いで「かもめブックス」をスタートしました。入り口の大きなガラス窓から見えるのは、広々としたカフェスペース。本を買う時だけではなくいつも気軽に立ち寄れる、街に開かれた場所になっています。

最初に目に入ってくるのは、「テーマ」の掲げられた店頭特集の平台。3週間ごとに入れ替わるテーマは、その時話題になっていることや季節にまつわるもの、お客さんの傾向などを参考にして考えられているそう。新しく出た本ではなくても、新鮮な角度から紹介されることであらためて手に取られることもあるなど、知らなかった本との意外な出会いが生まれる場所になっています。

食べ物や暮らしの本、小説、文芸書、コミックなど、偏りなく幅広いジャンルを扱いますが、どの棚にもかもめブックスの特徴があらわれています。例えば「ビジネス」のコーナーでも「働くって、何だろう?」という視点で幅広い本を並べ、色々な人が興味を持てるように。元々本が好きな人やピンポイントで探す人に向けてというよりも、何気なく立ち寄った時にふと本を手に取るためのきっかけが、かもめブックスにはたくさん用意されています。

かもめが本を運ぶ、可愛いロゴマークが目印です。

DATA

住　所　新宿区矢来町123
　　　　第一矢来ビル1F
最寄駅　神楽坂
時　間　11:00～20:00
定休日　水
電　話　03-5228-5490

12

（ 渋谷 ）

東塔堂

Totodo

空間と本の質感、
奥行きを楽しむ

JAPAN

静謐な空間で出会う「新しいクラシック」

角の丸みが可愛らしいガラス張りの小さな路面店「東塔堂」は、写真やデザイン、建築、アート関連の書籍を専門に扱う古書店です。

店主の大和田悠樹《おおわだゆうき》さんは、大学で写真を勉強し、その後、美術書を専門に扱う源喜堂書店《げんきどうしょてん》で働いていました。「東塔堂」は、はじめにネットショップとしてスタート、2009年にこの地に実店舗を構えました。

選書は、写真の歴史や、アートの文脈を語る上で大切にされている書籍、定番となっている「新しいクラシック」が中心です。内容だけではなく装丁、質感まで含めて「モノ」としてよいものが特に選ばれているため、気になる本を次々手に取ってめくるうちに、つくりの素晴らしさに感じ入ってしまいます。

特注家具の製作所であるスタンダードトレードに全てお

右. 時間を経るごとに深まっていく、木の色。**中.** スタンダードトレード特注のナラ材の美しい家具が特徴的な店内。**左.**「新しいクラシック」というべきアート本、写真集を網羅的に取り揃えます。

DATA

住　所	渋谷区鶯谷町 5-7 第2ヴィラ青山 1F
最寄駅	渋谷
時　間	13：00 ～ 18：00
定休日	日
電　話	03-3770-7387

願いしたという内装は、打ち合わせに何ヶ月も時間をかけ、対話を重ねてつくり上げたそう。本棚から奥にあるカウンターまですべてナラ材を使って仕上げられています。ぴたりと壁におさまる重厚な本棚は、上と下で奥行きが異なります。平台に置かれた本に目を留めながら、興味のある棚へと自然と目線がうつり、深くその世界に入っていけるつくりになっています。お店の真ん中には、オリジナルの平台を配置。天板がガラスのため、上と下で置いている本に関連を持たせるなど、本が見つけやすくなる工夫をしています。

　お店に揃えられている本と同様、丁寧につくられた空間の一貫したコンセプチュアルな雰囲気に、「来てよかった」と必ず何かを受け取って帰れる場所です。

絵本
¥300 ¥1000
マドレーヌの
ロンドンの
マドレーヌ
tabaneru books

13

(石川台)

タバネルブックス

Tabaneru Books

住宅街に佇む
“絵本大国チェコへの入り口”

友人の家に遊びに行くように——

1

2

3

大田区雪谷《ゆきがや》の住宅街に佇む一軒のおうち。あんずの木が気持ちよく風に揺れる前庭から、大きなガラス窓越しにたくさんの本が目に入り、誘われるようにドアを開けました。「タバネルブックス」があるのは、じつは店主の中野木波《なかのきなみ》さんが小学生のときから住んでいらっしゃるご実家の1階。「本屋をやりたいならここでやったら？」とご両親からすすめられて改装し、２０１９年11月にオープンしました。

もともと本屋さんの空間がとても好きで、美大に入りブックデザインの仕事を志していた中野さん。ブックデザインの授業がなくなってしまい就職先に悩んだことをきっかけに、ご自身で本屋さんを開くことを決意されました。古本市で出会ったチェコの絵本に感銘を受け、オンラインで買い付けたチェコの古本、それに新刊を多く扱っています。お店に置かれているチェコの雑貨やアートなどは、お客さんからもらったものも多いのだそう。ただしチェコに関するものだけでなく、文芸やエッセイ、お父様がこっそり置かれたコミックスなども混ざっていて、敷居の高さは全く感じさせません。

来てくれたお客さんには積極的に声をかけられているという中野さん。関連する本やチェコの出版社についてなど、次々といろんなことを教えてくださって、すっかり話し込んでしまいました。また中野さんに会いに行きたいな、と思ってしまう、ゆるやかで居心地のよいお店です。

1. 家族みんなでつくりあげたお店の内装。ディスプレイラックなどはほとんどがお父さまの手づくり。**2.** 装丁が美しいチェコの本。ユニークな表紙につい手が伸びます。**3.** 本の隙間に潜んでいたのは、メキシコからやってきた犬の置物。お客さんが見つけたときに楽しんでもらえるようにと、こっそりと飾られています。

DATA

住　所　大田区東雪谷 2-30-3
最寄駅　石川台
時　間　木・金 14：00～20：00
　　　　土・日 13：00～19：00
定休日　月～水
電　話　03-3748-4044

14

（恵比寿）

POST《ポスト》

「本」という作品に
会いに来る場所

TRANSIT LAND
TRANSITOLAND
PAYS-TRANSIT
DE BEST VERZORGDE
DE BEST VERZORGDE

2016年に「TOP MUSEUM」として生まれ変わった恵比寿の東京都写真美術館の近くにある、海外の写真集やアーティストの作品集を扱う本屋さんが、「POST」です。

白い木の扉を開けて店内に入ると、空間をゆったり使って作品を陳列するように並べられた本棚が。ここは、2ヶ月に1度入れ替わる「ひとつの出版社」を特集した棚です。特定のジャンルや興味に偏った選書ではなく、よりニュートラルな視点から本を紹介します。表紙や装丁に凝っている本がたくさんあり、背表紙ではなく面を見せる配置が印象的です。ダクトテープが貼られていて1冊ずつ異なる表紙を持つ本、裁断を手で行なっているためにザラザラとした質感がある本。

デジタルで情報が手に入る時代、1点1点こだわってつくられた本は、ここ数年で増

えてきているのだそう。選書を手がける代表の中島《なかじま》佑介《ゆうすけ》さんが心がけているのは、アーティストの有名、無名を問わず「本」として魅力があるものを選ぶこと。「手に取る」体験が伴うことで、情報以上のことが伝わるものを選んでいると言います。だからこそ、あまり知識がなくても自然と手に取りたくなる工夫がされています。

美しいギャラリーのような空間で「本」というひとつの作品に出会える、そんな本屋さんです。

DATA

住　所　渋谷区恵比寿南2-10-3
最寄駅　恵比寿
時　間　11:00～19:00
定休日　月
電　話　03-3713-8670

1. ひとつの出版社の本が並ぶ棚。
2.3. お気に入りの作品を手に取りやすいよう、表紙が見やすい陳列。

手に取って伝わる、本のこだわり

15

（ 荻窪 ）

Title

タイトル

街の人々との
コミュニケーションで
出来ていく

APIED
APIED
GoRo

上. 古民家のよさをうまく活かす、居心地のよい空間づくりがされています。
下. ポップやカテゴリ名はあえてつけず、本の顔をよく見せることを意識しています。

右.1階の奥には、奥様が切り盛りするカフェのスペース。**左.**2階には、白い壁が美しいギャラリースペースが設けられています。

DATA

住　所　杉並区桃井1-5-2
最寄駅　荻窪
時　間　12:00～19:30
日 12:00～19:00
定休日　水・第一、第三火
電　話　03-6884-2894

コミュニケーションで充実する街の本屋さん

荻窪駅から徒歩10分ほどにある築70年ほどの古民家。「看板建築」と言われる銅板のファサードを持つ木造の建物に、青地に白の可愛らしいロゴで描かれた「本屋 Title」の店名が思わず目に留まります。

大手書店のリブロで店長もされていた辻山良雄《つじやまよしお》さんがこのお店を開いたのは2016年。荻窪は本に関わりのある作家や編集者が住んでいる土地であり、自分も好きでよく遊びに来ていた場所。店主として日中のほとんどをお店の中で過ごすため、「自分に合っている場所、居心地のよい場所」としてここを選びました。

店は戦後すぐに建てられた、築70年以上の古民家を使用。古い柱や梁はそのまま生かされ、時間が経過しないとつくれない味わい深さを感じる空間です。床や本棚などの什器はひとりの大工さんが仕上げてくれたもの。本の中身やジャンルを説明するようなポップは空間の中でうるさくなってしまうためあえて付けず、「本の顔」をきちんと見せることを意識されています。お店の奥には辻山さんの奥様が切り盛りしているカフェ、2階には本と関連する企画展示を行うギャラリーが。

本を売ることは、お店に来てくれる人との「もの言わぬコミュニケーション」だと辻山さん。年を重ねるごとに、この街の人々が好みそうな芸術、人文哲学の本は充実してきました。来てくれる人の「声」を丁寧に汲み取ってだんだんとできていく、そんな街の本屋さんです。

「看板建築」のファサードに、青地に白の可愛らしいロゴがよく映えます。

16

(学芸大学)

BOOK AND SONS

ブック アンド サンズ

クールで整然とした空間で
グラフィックの世界に飛び込む

CHINATI

「知識」を次世代に届ける場所

学芸大学の駅から歩いて約5分。地図を見ながらちょっとした裏通りへと入ると、真っ白な壁にガラスドアのクールでおしゃれな外観の本屋さん「BOOK AND SONS」があります。

コンクリートの床や天井がむきだしになったざっくりとした空間に、重厚感のあるナラ材でつくられた本棚のコントラストが印象的。木とガラスの組み合わせが美しい平台も、この空間に合わせてつくられたものです。余計な要素は排し、無駄なものは見えないように配慮された空間は、整然としていてクールだけれど、落ち着いて集中できる居心地のよさを感じます。こちらのお店は「立ち読み推奨」。お店のオリジナルブレンドのコーヒーを飲んでくつろぎながら、じっくりと本を選ぶことができます。

右. グラフィックの世界へ誘う美しい本たち。**中.** 余計なものをそぎ落としたシンプルな空間で、じっくりと本を選べます。**左.** 整然と本が並ぶ平台はそれだけで絵になります。

DATA

住　所　目黒区鷹番 2-13-3 キャトル鷹番
最寄駅　学芸大学
時　間　12:00～19:00
定休日　水
電　話　03-6451-0845

お店のオーナーはウェブデザイナーの川田修《かわたおさむ》さん。増えすぎた蔵書を「次の世代に引き継ぎたい」と本屋さんをオープンされたのだそう。川田さんの関心分野であるタイポグラフィの本を中心にスタートし、グラフィックやデザイン、それに写真集を扱います。毎月内容の変わるギャラリーも併設しているため、常に新しい出会いがあるのが魅力的。

美しい大判のグラフィックや写真集の本が平台にずらりと並ぶ様子はそれだけで美しく、知識のない人でも眺めているだけでだんだんとその世界に引き込まれてしまうはず。まずはおしゃれさや美しさを入り口に、そして徐々に知識をつけて——。グラフィックの世界へと飛び込んでいく人の背中を押してくれるお店です。

17

（ 上野 ）

ROUTE BOOKS

ルート ブックス

植物に囲まれた
多機能空間

都内でも有数のビッグターミナルである上野駅の東側に残る、古い町工場の集まった路地。本当にここで合っているかしら？と進んでいくと、モサモサと植物が溢れ出た一角が姿を現します。

この場所をプロデュースしているのは工務店である「ゆくい堂」。向かいのビルに事務所兼作業場を構え、当初は4階で「ROUTE BOOKS」をスタートしました。元工場だったこちら側のビルが空いたのをきっかけに、「植物だらけの空間にしてやろう」と改装を開始。ほとんどの家具や什器は、廃材や拾ってきたもの、もらい受けたものをリメイクしてできていて、つくりが丈夫で一味違うデザインのものばかり。植物も含めてその全てを販売しているため、色々な楽しみ方があるお店です。

音響設備の整ったステージ

本を軸に、様々な化学反応が生まれる

1. パレットや木製のドアなど、廃材を使ってつくられたテーブルを、大きな植物が囲みます。2. 思いがけないところに本が並べられていて、つい目が留まります。3. 木箱を使った本の並べ方は自宅でも参考にしたいです。

があり、時にはライブ会場になり、パンや野菜も売られ、ワークショップや料理教室が開かれる多目的なスペースでもありますが、ここはあくまで「本屋さん」。本があることで、学びの場所にも出会いの場所にもなり、本を軸にお客さん同士の「化学反応」が生まれます。

　本棚にあるのは全て新刊本。植物に囲まれた空間の中で、木箱の中や階段の下の小さな棚の中など、思わぬところに置かれた本に、つい目が留まります。意識しているのは、「ゆくい堂がつくった空間に住む人なら、どんな本を読むだろうか」ということ。「空間」と「本」には、見えない関係性があるのだと実感させられます。コーヒーを片手に、どこを見てもワクワクするような、植物の気配に満ちた店内を歩き回れば、毎回異なる意外な出会いが待っているはずです。

1

2

3

4

5

1. 什器のほとんどは、もらってきたもの。**2.** ゆくい堂の手によって、古いもの、廃材も生まれ変わります。**3.** 時代を経た家具と本、植物の組み合わせがなんとも落ち着く空間をつくります。**4.** ピアノや、ライブのための音響設備も整います。**5.** 店内ではこだわりのコーヒーもいただけます。

DATA

住　所	台東区東上野4-14-3 Route Common 1F
最寄駅	上野
時　間	12:00～21:00
定休日	不定休
電　話	03-5830-2666

18

（ 下北沢 ）

本屋 B&B

Honya ビー アンド ビー

「これから」を
模索し続ける本屋

有明海
ウナギ
鎌倉 OXYMORON
スパイスカレー
南インド料理店総料理長が教える
15分！本格インドカレー
おうちで楽しむ
サンラサーのココロとカラダが
スパイスカレー
スパイスカレー本
カレーにまつわるエトセトラ
世界のカ
スパイス
MASALAWALA
SOUTH INDIAN
COOKBOOK
インド料理ユニットの
CURRY NOTE SPDX
Super Deluxe
CURRY NOTE SPDX
カレー・マン
日本のインド・ネパール料理店
B&B
5th ANNIVERSARY

1

2

3

世界の広さを伝える書店

「B&B（Book&Beer）」という名前の通り、ビールが飲める本屋さん。下北沢で2012年にオープンして以来、「これからの本屋のあり方」を模索し続ける姿勢が、多くの書店に影響を与えてきたお店です。

2020年4月、小田急線線路跡に誕生した新しい形の商店街「BONUS TRACK」の2階に移転。このエリアの立ち上げから運営にはB&B代表の内沼晋太郎《うちぬましんたろう》さんが携わっていて、屋外に設けられたオープンスペースで、それぞれのお店で買ってきたものを食べたり飲んだりしながら、本を読む――。自由に開放的に、「本のある暮らし」を楽しめる空間になっています。

屋根に設けられた窓から差し込む光で明るく開放的な店内。「世界の広さを伝えること」というセレクト基

1. リトルプレスやZINEも充実。本を通して世界が広がります。2. 移転前から使われているヴィンテージの本棚が印象的。3. イベント登壇者にまつわるグッズなども販売されていて、店内は楽しい雰囲気です。

DATA

住　所　世田谷区代田2-36-15 BONUS TRACK 2F
最寄駅　下北沢
時　間　平日12:00～23:00、土日祝11:00～21:00※
定休日　なし
電　話　03-6450-8272
※営業日により変動。HPで確認できる

準のもと、選書は複数人のチームがそれぞれ得意なジャンルを担当しています。売れるジャンル、売れる本だから多く仕入れるのではなく、自分たちが「これは売りたい」と思う本を1点ずつ選ぶことを大切に。この棚を担当した人は、きっと生き物がすごく好きなんだろうな……などとつい想像してしまうほど、ニッチなもの、専門的なものまで揃っており、リトルプレスやZINEも充実しています。

B&Bで毎日ずっと開かれてきたイベントは、コロナ禍を経て、現在はリアルとオンラインで開催。毎週末には、BONUS TRACK全体でのイベントも開かれ、どんどんにぎやかな空間になっているそう。ますます下北沢の「本」を中心としたカルチャーが盛り上がっていきそうです。

そして市場は続く
柿の木の
ある家

19

（ 吉祥寺 ）

百年

Hyakunen

ずらりと並ぶ古書から
新しい発見を得る

いつも新しい発見があるから、ついふらっと立ち寄りたくなる。「百年」はそんな本屋さんです。

２００６年に開業してから今年で18年目、木のドアや床はよい雰囲気に経年変化し、長年通う常連さんもたくさん。一方で20代前半の若い方も多く、多様な世代に響くお店になっています。木のドアには「Don't let go of the imagination」というメッセージが。意味は、「想像力を手放すな」。本を読むことは、想像力を育てること。パンデミックの影響を受けた時代に、想像力を失わずに他者への思いやりを持ちたいと、ここに記しました。

お店に置かれている古本は、7割がお客さんから買い取ったもの。「知らない本のおもしろいところを見つけられないのは、自分の実力不足」と

人から人へ受け継がれ、生まれ変わる

1. お店に入ってすぐ、手に取りやすい新刊やリトルプレスなどが並ぶ平台が。奥に進むにつれてディープな世界が広がります。2.「本屋さんではあまり見ない色」をあえて選んだという、ミントグリーンの本棚。3. 棚からはみだし、上にも並ぶ本。思いがけない場所に発見がありそうです。

DATA

住　所　武蔵野市吉祥寺本町 2-2-10
村田ビル 2F
最寄駅　吉祥寺
時　間　12：00 ～ 20：00
定休日　火
電　話　0422-27-6885

店主の樽本樹廣《たるもとみきひろ》さん。あえて「選ばないこと」を選び、写真集、文芸、建築など多様なジャンルの本が棚にぎっしりと並びます。「お店にきた人には自分の身体を使って、偶然を楽しみながら本を発見してもらえれば」と語ります。

「百年」というお店の名前は、内田栄一《うちだえいいち》監督の映画「きらい・じゃないよ2」に登場する、生と死の狭間にある「百年まち」が由来。誰かが手放すことによって一度死に、新たな人の手に渡ることで生き返る――〝幽霊〟のような状態にある古本を扱うことからつけられました。時代も、百年＝1世紀ごとにリセットされ、生まれ変わる。そうした意味を込めていらっしゃるそう。

知らない誰かからぽんとバトンを受け渡されるように、偶然の出会いを求めて通ってしまうお店です。

20

（ 祖師ヶ谷大蔵 ）

nostos books

ノストス ブックス

センスのよい人の
本棚を覗く

Spectator
日本のヒッピー・ムーヴメント
we are primitives
of an unknown culture
DONALD JUDD
PRINTS AND WORKS IN EDITIONS
PICTOGRAM DESIGN
日本の倉
木の民家 ヨーロッパ
WOODEN HOUSES IN EUROPE
SOUND ART
WILLIAM
Yale

「nostos books」は、グラフィックデザインの事務所に併設された、デザインにまつわる本や写真集、画集などを扱う本屋さん。コンセプトは「新しい過去の発見」。過去の見方が変わることで新しい発見ができる本を、国内外問わずに選りすぐります。

2021年に、祖師ヶ谷大蔵駅から歩いて約15分にある今の場所に移転。天井が高く、3方向をガラス窓に囲まれたとても開放的な空間です。古道具の楽器を照明にしたてたものや、アンティークショップ「サムエル・ワルツ」と「Riverside Farm」のコラボによる古道具をリメイクしたシャンデリアなど、天井から吊り下げられた照明が印象的。本が並んでいる家具もシンプルで経年変化を感じられる、汎用性も高いものを選ばれています。

真ん中の平台には「今週入

1. シャンデリアなどの印象的な照明と古道具が並ぶ、おしゃれな店内。2. デザインやグラフィックの本からスタートして、最近は建築や家具、民芸関連の本も豊富に並ぶように。3. 楽器が使われたおもしろい照明。本のディスプレイの仕方も参考になります。

過去にひそむ
新しさを見つける

ってきた本」が並びます。毎週100冊ずつ入れ替わるので、今週はどんな本に出会えるだろうと訪れる楽しみがあります。

窓に面した小上がりの空間はギャラリースペースになっており、アート作品の展示と、本の特集が交互に行われます。小上がりにちょっと腰かけてじっくりと本を選んだり、この空間自体を楽しみながらゆっくりリラックスしたり。訪れるたびに新しい発見ができる場所です。

〝平面〟から掘り進んで〝立体〟への興味も湧き、最近は、工芸や建築関連の本が増えてきている、とブックディレクターの石井《いしい》利佳《りか》さん。センスのよい人の家におじゃまして本棚を覗いているような、心地よく刺激のあるお店です。

DATA

住　所　世田谷区砧 5-1-18
祖師谷大蔵サマリヤマンション 102
最寄駅　祖師ヶ谷大蔵
時　間　13:00～19:00
定休日　火～木
電　話　03-5429-6969

21

(中目黒)

dessin《デッサン》

ワクワクする
本の詰まった空間

Horst Janssen in der Griffelkunst
夢のある部屋
澁澤龍彦
SAM FRANCIS
JENNY SAVILLE Continuum
Gabriel Orozco
Roni Horn
RONI HORN YOU ARE THE WEATHER
ERWIN WURM
HATJE CANTZ
ERWIN WURM I LOVE MY TIME I DON'T LIKE MY TIME
Gerhard Richter Editions 1965-2004
WOLF JAHN L'ART DE GILBERT & GEORGE
VALLOTTON
ディアギレフ
眼と精神
幻想の花園
現代芸術のエポック・エロイク
Sonderborg
Abrams
ホアン・ミロ
ダリとの対話
RONI HORN
Jane Birkin
THE WARHOL LOOK
Union
SCREEN TESTS / A DIARY
Rikki Ercoli
LEGENDS OF PUNK Photos from the Vault
WE'RE DESPERATE
Nancy Spero
Antonio Lopez
BONNARD
HUNDERTWASSER
Psychedelic Art
Jackson Pollock
JOSEPH CORNELL
Flammarion
The Photographic Eye of Ben Shahn
BEN SHAHN PAINTINGS
Close Encounters
American Masters:
ELIZABETH PEYTON
Aloïse

1

2

1. 姉妹店の東塔堂と同じく、ナラ材の特注家具で丁寧につくり込まれた空間です。**2.** こちらのお店は、より明るく、やわらかいイメージ。**3.** レジカウンターなど、ディテールまでこだわった設えが素敵です。**4.** 中目黒の路地に面し、その雰囲気に惹かれて足を止める方が多くいます。

DATA

住　所　目黒区上目黒 2-11-1
最寄駅　中目黒
時　間　13:00 ～ 18:00
定休日　火
電　話　03-3710-2310

美しく楽しいものを選りすぐる

個性的なファッションのお店やカフェが集まり、いつでも人の絶えない街、中目黒に、何やら入ってみたくなる魅力のある、小さな本屋さんがあります。

写真集や美術書を専門に扱う「東塔堂」（62頁）のオーナーさんが、お子さん連れでも気軽に来られるような本屋を、と始められたのが、こちらの「dessin」です。

内装は東塔堂と同じく、ナラ材の家具を製作するスタンダードトレードが担当。東塔堂よりも明るい雰囲気で、というリクエストに、少し明るめの木材や丸みを帯びた照明を使い、温かな空間になりました。

お店に並んでいる本は、文脈や背景を知らずに見ても純粋に楽しめるライトなものを中心に揃えています。入って左側は絵本のコーナー。日本のものから、海外のものまで、特に「絵」が美しいものを選りすぐります。右側には画集、写真集などのヴィジュアルブック。視覚的に楽しめる本が多いので、あれもこれもとページをめくっているうちに時間を忘れてしまいそう。2階にはギャラリーも備え、アーティストの展示や、個性的なショップの出張販売などを開催します。

中目黒の通りを歩いていて、ガラス越しに見える温かでワクワクする雰囲気に、つい立ち寄りたくなる人が多いはず。お気に入りの1冊を選びとったなら、家でゆっくりするようにページを開いたり閉じたり。本がある空間そのものを楽しみたくなる本屋さんです。

22

（高円寺）

蟹ブックス

Kani Books

ふと行き詰まった時に
立ち寄りたい場所

私の生活改善運動
安達茉莉子
臆病者の自転車生活
安達茉莉子
ご自由にお持ちくださいを見つけるまで家に帰れない一日
パリッコ
スズキナオ
1日が長いと感じられる日が、時々でもあるとい
パリッコ
ノスタルジーはスーパーマーケットの2階にある
川上弘美
20201222→2021123
全員がサラダバーに行ってる時に全部のカバン見てる役割
岡本雄矢
深夜、生命線をそっと足す
夢に迷って
燃え殻
集める人
家が好きな人
おたのしみ
暮らしっく
森博嗣
紙もの
ハンドレタ
たのしみノートのつくりかた

1

自分と他者を深く探る

高円寺の駅前から続く商店街のアーケードを抜けた先にある、小さな本屋さん。お店のオーナーは、「パン屋の本屋」などいくつもの本屋さんで店長を勤められ、『出会い系サイトで70人と実際に会ってその人に合いそうな本をすすめまくった1年間のこと』などの著書もある花田菜々子《はなだななこ》さんです。

明るい雰囲気の店内は、「大好きな台湾の食堂のような雰囲気にしたい」と選び、自分たちで塗ったというグリーンの壁がとてもさわやか。入り口を入ってすぐの場所には、今推したい本や「蟹ブックスらしい」本が並ぶ大きな机。そしてその隣には、社会とはなにか、自分とはなにかを思考するときに役に立ちそうなテーマの本。かと思えば、ちょっと気になるレシピの本やコミックスやフィクション、ZINEや雑貨ま

3

2

4

でバラエティ豊かなラインナップになっていて、「自分が好きな棚」を見つけたら、その前から離れられなくなりそうです。

　特に意味はないけれど、インパクトのある名前をつけたいと考えていた時にひらめいたのが「蟹」だった、と花田さん。店内にはお客さんが持ち寄った蟹グッズがあちこちに置かれています。花田さん自身も自然と蟹への興味が芽生え、蟹にまつわる本も増えているんだそう。

　蟹ブックスならではの「なぜか、めちゃくちゃ売れている」本があったり、相談すればおすすめの本を教えていただけたり。自分の知らなかった世界への入り口になってくれるこの場所は、ちょっと人生に行き詰まったときに「行ってみるかな」と立ち寄りたくなる魅力が詰まっています。

5

1.4. お店を入ってすぐのテーブル。「蟹ブックスらしい」本が並びます。**2.**「ご自由にお座りください」と親切に置かれた椅子でほっと一息。**3.** 棚ごとにテーマが変わり、自分の好みの棚を見つけると、思わずのめり込んでしまいます。**5.** ところどころに潜んでいる「蟹」を見つける楽しさも。

DATA

住　所　杉並区高円寺南 2-48-11 2F
最寄駅　高円寺
時　間　12:00 ～ 20:00
定休日　木
電　話　03-5913-8947

ふしぎの海のナディア
RECORD
KANOJO
彼女

23

（ 田原町 ）

Readin' Writin' BOOK STORE

リーディン ライティン ブックストア

「書くこと」
「読むこと」を
受け継いでゆく

文章を通じて広がる世界

　最近注目されている蔵前と、海外からの観光客でいつも賑わう浅草のちょうど真ん中、田原町の静かな路地に、床から天井近くまで高さのあるガラス窓が印象的な本屋さんがあります。

　オーナーの落合博《おちあいひろし》さんは、元新聞記者。天井が高く、中二階のある独特な空間に惹かれ、材木倉庫として使われていたこの場所にお店を開きました。本棚として活用されている壁の格子も、元々あったものを活かしています。中二階は畳敷きにして、本を読んだり、展示作品を見たりしながら、ゆっくりできる場所に。自宅も職場も本に囲まれている状態が好きだったという落合さんにとっても、落ち着ける空間になっています。

　5000冊を超える本は、絵本から人文書、外国文学、文芸書、ノンフィクション、リトルプレスまでと幅広く、「今日は何があるかな」とひとつひとつ棚をチェックしていくのが楽しいです。気づいたのは、ジャンル分けやカテゴリ分けを示すラベルが一枚も貼られていないということ。お客さんが自分で探すことで、意外な本に出会うきっかけにしてほしい、と落合さんは言います。

　壁を使っての作品展や、出版記念イベントもよく行われていて、特に「書く仕事」に長く携わってきた落合さんが講師となる文章教室は人気です。「書くこと」そして「読むこと」を大切に受け継いでいきたい、そんな思いの感じられる本屋さんです。

右上．店内奥のコーナー。子どものための本も充実。**上**．子どもがしゃがんだ高さにも本を陳列。**下**．元新聞記者のオーナーが選ぶ、日本語に関する本の棚がおもしろい。

DATA

住　所　台東区寿 2-4-7
最寄駅　田原町
時　間　12:00 ～ 18:00
　　　　木 12:00 ～ 17:30
定休日　月
電　話　03-6321-7798

24

（ 日暮里 ）

パン屋の本屋

Panya no Honya

みんなにとって大切な
「街の本屋さん」

1

1. あたたかい雰囲気を感じる、本屋さんの店内。2. キリッとかっこいい店名サイン。
3. ジャンルのサインはパンをかたどっていて、子どもたちに大人気なんだとか。

3

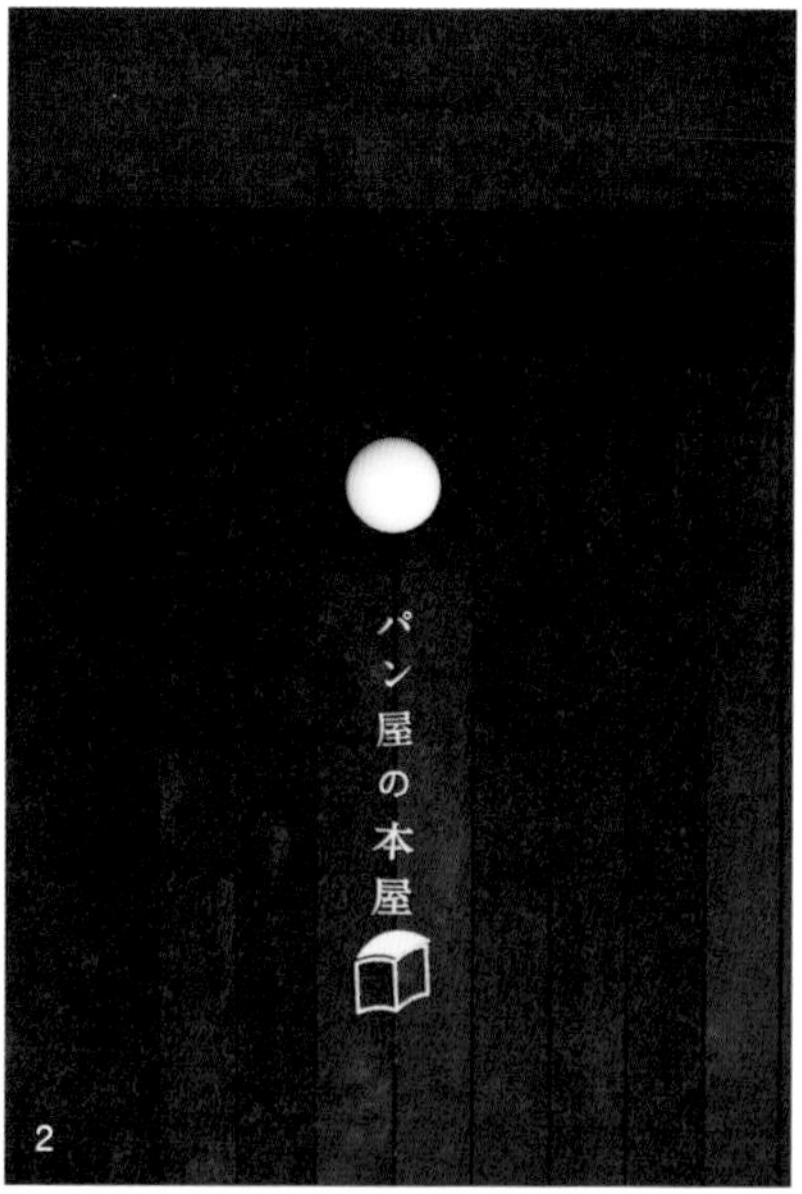

2

日常の中にあるくつろぎの場所

日暮里駅の北側に広がる住宅街を歩くこと7分ほど。大きな屋根とスタイリッシュな外観がひときわ目立つ、素敵な建物があらわれます。

　繊維街としても有名な日暮里。ここにあったのは、100年以上続いたフェルト工場でした。工場を閉じた後、街の人たちに誇りに思ってもらえるような場所にしたいと、オーナーさんが描いたスケッチをもとに、建築家の谷尻誠《たにじりまこと》さんに依頼をし、この印象的な建物ができました。

　パン屋さんと本屋さんが並び「ひぐらしガーデン」と名づけられたこの場所では、広い中庭が設けられ、パンを食べたり本を読んだり、訪れた人が思い思いにくつろぎながら時間を過ごせます。

　中庭に向かって右側にある小さな本屋さんが「パン屋の本屋」。中に入ってみて驚いたのは、子どもたち向けの漫画雑誌や絵本、児童書のシリーズなど、小さい頃にお小遣いを握りしめて通った懐かしい「街の本屋さん」の雰囲気がそこにあったこと。特別というより、地域の人が日常的に訪れる場所にしたいというオーナーさん、店長さんたちの思いが込められています。

　年齢別にわかりやすくまとめられた絵本コーナーの他、子育ての本、衣食住など暮らしの本、話題の本やギフトにもぴったりな大人向けの本も多く揃います。もちろん「パンの本」も充実。絵本に登場するパンやキャラクターを模したパンをパン屋さんが実際につくるイベントは、大人気なんだとか。

　近所にこんな素敵な本屋さんがあったら、ずっと長くこの街に住みたい。そんな「安心できる場所」の役目を担っているように思います。

選りすぐりの絵本や児童書が並び、大人になるまでずっと通いたいと思うような「街の本屋さん」です。

DATA

住　所　荒川区西日暮里2-6-7
最寄駅　日暮里
時　間　10:00〜17:00
定休日　月（月曜日が祝日の場合翌火曜日）
電　話　03-6806-6444

25

（西荻窪）

旅の本屋のまど

Tabi no Honya Nomado

まだ見ぬ場所に
思いを馳せる

オセアニア
中南米
THE INDO-PORTUGUESE HOUSE
RASTA TIME
PANDORA REPORT
GONZALES IN NEW YORK
CALIFORNIA

西荻窪の商店街にお店を構える「旅の本屋のまど」は、個性的な書店が多いこの界隈でも、「旅行の本を探すならまずはここ」と名前を知られた存在です。

世界の地域ごとに分けられた本棚には、古本、新刊問わず、定番のガイドブックから、ディープな現地での生活エッセイまで「ここだからこそ見つかる」本が集まります。大きな本屋さんに行っても普通は1冊あればいい方というような国、地域のガイドブックもしっかり揃えられているのが、特にありがたいです。

ただし、「旅行好き、旅行オタクだけに向けた店ではなく、まだ行ったことがない場所にも興味を持ってもらえるように、なるべく間口を広げていたいんです」と店長の川田《かわた》正和《まさかず》さんは語ります。だから扱う本はジャンルも様々。スポーツや音楽、宗教など「旅行ガイド」ではない本もあります。

元々ブックカフェがあった場所で、壁づけの本棚や照明は、そのまま受け継いだもの。25年ほど、この場所にずっと本屋さんがあるので、街の人たちにもすんなり認識してもらえたそう。地球儀や各国の民藝品がところどころに置かれ、民族音楽が流れる店内は、思わず旅に思いを馳せる仕掛けがたくさん。

旅のリトルプレスや旅にまつわるグッズを、「置いてほしい」と持ち込まれることもあるそう。お店奥のレジの周りには、そういう普通の本屋さんにはないものが集まっていて、夢中になってしまいました。出てくる頃にはすっかり次の旅のイメージができあがります。頻繁に本の著者を迎えたトークイベントも開催。もう少しだけ「広い世界」を知りたくなったら、足を運んでほしい場所です。

各地の文化が香る旅への入り口

1

3

2

DATA

住　所　杉並区西荻北 3-12-10
　　　　司ビル 1F
最寄駅　西荻窪
時　間　13:00〜20:00
　　　　日祝 13:00〜19:00
定休日　水
電　話　03-5310-2627

右. 青い扉が目印。店内を一周すると、様々な地域に興味が湧いてきます。**1.** 店長の川田さんが旅先で集めたグッズもたくさん。**2.** 時代を感じる、少し古い地図も。自分なりの旅のヒントを得られます。**3.** ガイドブックはもちろん、文学や料理など旅への入り口となる本も色々。

26

（渋谷）

SPBS TOKYO《エスピービーエス トーキョー》

渋谷の編集部に遊びに行く

イシューからはじめよ
ISSUE DRIVEN
EN PRÉSENCE DE SCHOPENHAUER
MICHEL HOUELLEBECQ
往復書簡
140字の戦争
IN/SECTS
持続可能な地域のつくり方
月へ
NewScientist
起源図鑑

「SPBS TOKYO」は、本をつくる場所でもあり、売る場所でもある「出版する本屋」です。
代表の福井盛太《ふくいせいた》さんが、渋谷の中心部からは少し離れていながら地域のコミュニティの拠点となれる場所として注目したのが、ここ神山町。「SPBS」がこの地でスタートして15年が経ち、「奥渋谷」としておしゃれな若者が注目するエリアになりました。

本屋さんの奥にはガラス越しに同じ机、同じ照明、同じ椅子が並んでシームレスにつながっているオフィスが見えます。ここには編集部があり、出版物やウェブコンテンツの制作を行っていて、地域に根ざしたメディアとの関わりも多くあります。

白い壁に白い棚が並ぶ、明るい印象の店内。設計はNAP建築設計事務所の中村拓志《なかむらひろし》さんです。よく見ると、脚付きの書棚が宙に浮いていた

り、S字に湾曲していたり、棚はそれぞれ個性的で遊び心あるデザインになっています。本は書棚ごとにジャンル分けされていて、それぞれの担当スタッフが選書をしています。話題の新刊からコアなものまで幅広く、時には思い入れたっぷりのキャッチを添えて紹介。

　また、本屋さんではなかなか見られない、古着や雑貨との組み合わせも特徴的です。気になるデザインのTシャツを選んでいるうちに、ついつい目を引く装丁の本も手に取ってしまうような、本との偶然の出会いを楽しめます。

　ちょっと気軽に立ち寄って、本のある暮らしを想像する。またここに来たら何かあるかなと思える。そんな本屋さんがある街だからこそ、「奥渋谷」が新しい文化の発信地として注目されているのかもしれません。

奥渋谷の文化交流の場を訪ねる

DATA

住　所　渋谷区神山町 17-3 テラス神山 1F
最寄駅　代々木公園、代々木八幡、渋谷
時　間　11:00 ～ 21:00（短縮営業中）
定休日　不定休
電　話　03-5465-0588

右. ユニークなデザインの書棚が楽しい。古着や雑貨も揃います。**上**. よく見ると、脚付き、扉付きの書棚が宙に浮いていたり。**下**. 「SPBS ならでは」の気の利いたピックアップも楽しめます。

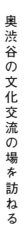

27

（ 根津 ）

弥生坂 緑の本棚

Yayoizaka Midori no Hondana

オアシスの中で
時間を忘れる

エアプランツ
450円~
根津・
緑のギャラリー
¥100-
1冊 ¥100-

弥生坂に佇む癒やしの空間

文京区の弥生坂。いわゆる「谷根千《やねせん》」エリアに続く静かな坂道に、古本と植物が軒先に所狭しと並ぶ、小さなお店があります。

ここは「本」と「植物」をテーマにしたちょっと変わった本屋さん。入り口にある大きなヒメヤシの木を囲む丸テーブルに、たくさんの本が並びます。栽培方法や図鑑など、植物にまつわる本の他、文学作品やコミックなどジャンルは多岐にわたり、1冊選んで購入したら、奥にあるカフェでゆっくり楽しむことができるようになっています。

長い間、花屋さんで働かれていた店長の綱島則光《つなしまのりみつ》さん。ブックカフェのあったこの場所が空いたのをきっかけに、「植物」と「本」をテーマにしたお店を開きました。建物の奥にテラスがあったため、イメージを描くことができたそう。「実はテラスに一番力を入れているんです」というだけあって、小さいながらも植物が生い茂り、枝葉には小さな光の装飾が施してある空間は、まさにオアシス。カフェスペースからもテラスを眺めることができます。

カフェのメニューには「グラパラリーフ」という食べられる多肉植物を使ったメニューもたくさん。植物に詳しい綱島さんだからこその「本屋さん」であり、「カフェ」。この場所が気に入って通っている方もいます。

お店の中ほどには小さなギャラリースペースが。ポストカードをよく見ると、テラス席に座った猫が描かれていました。自分の「お気に入りの場所」に加えたくなる、素敵な本屋さんです。

右. カフェスペースにつながる通路。ドライフラワーやうつわが並び、赤い壁もアクセントに。**左.** 植物についての書籍が豊富。購入する際は育て方の解説も聞くことができます。

DATA

住所	文京区弥生2-17-12 野津第2ビル1F
最寄駅	根津
時間	13:00～19:00 日13:00～18:00
定休日	月・木（不定営業）
電話	03-3868-3254

28

（渋谷）

UTRECHT

ユトレヒト

刺激とユーモア溢れる
アートブック専門店

GHI
JKL
NO WAR NO

右.本だけでなく、アーティスト関連のグッズや作品も並ぶ楽しい店内。**左.**凝った装丁が多い、ZINE やアートブックを多数扱います。

右.隣り合う本との関係性を意識して並べられている平台。**左.**本の搬入に使われた木箱がそのままカウンターに。

右.ギャラリースペースの窓側にも作品が。**左.**ざっくりとした雰囲気が居心地よいです。

カラフルな表紙が並び、明るく楽しい印象の店内です。

DATA

住　所　渋谷区神宮前5-36-6
　　　　ケーリーマンション2C
最寄駅　渋谷
時　間　12:00～19:00※
定休日　月（祝日の場合は翌火曜）
電　話　03-6427-4041
※冬季は18:00まで

現代アートを心ゆくまで味わう

国内外の独立系出版社やアーティスト自らが発行するアートブックやZINEを中心に扱う本屋さん「UTRECHT」。『TOKYO ART BOOK FAIR』の共同開催などを通じてつくられた独自のネットワークによる品揃えが何よりの魅力。渋谷区神宮前の住宅街という立地ですが、ここにしかない出会いを求めて海外から訪れるお客さんも多いのだそう。

窓が多く明るい店内は、スタッフの方がつくった木製の什器が並ぶ、ざっくりとした雰囲気。カウンターに使われているのは、海外のアーティストがブックフェアに本を持ち込んだ際に使い、そのまま置いて帰ってしまったという木箱なんだとか。謎のステッカーが貼ってあったり、棚の上にはスタッフの方も「なぜここにあるのかわからない」という小物が並んでいたり。気づくとクスッと笑える隙があるのも素敵です。

入り口にはギャラリーがあり、展示作品をまとめたアーティストブックも購入ができるようになっていました。奥の本棚のスペースにも、本に限らず、関連するグッズやアーティスト作品もたくさん。宝探しのように店内をくまなくみてまわりたくなります。

大きな流通にはのらない本だからこそできる凝った装丁の本が多いのも、ZINEやアートブックの楽しみのひとつ。ひとつひとつ丁寧につくられた本を実際に眺めたり、触れてみたりするのは、とても贅沢な時間です。単純に綺麗とか、おしゃれなだけではなくて、ひねりが効いたテーマの本が多いのは、UTRECHTならでは。日常への刺激をもたらしてくれるアートと出会いに、訪れてほしいお店です。

住宅街にあるビルにちょこんと看板が。

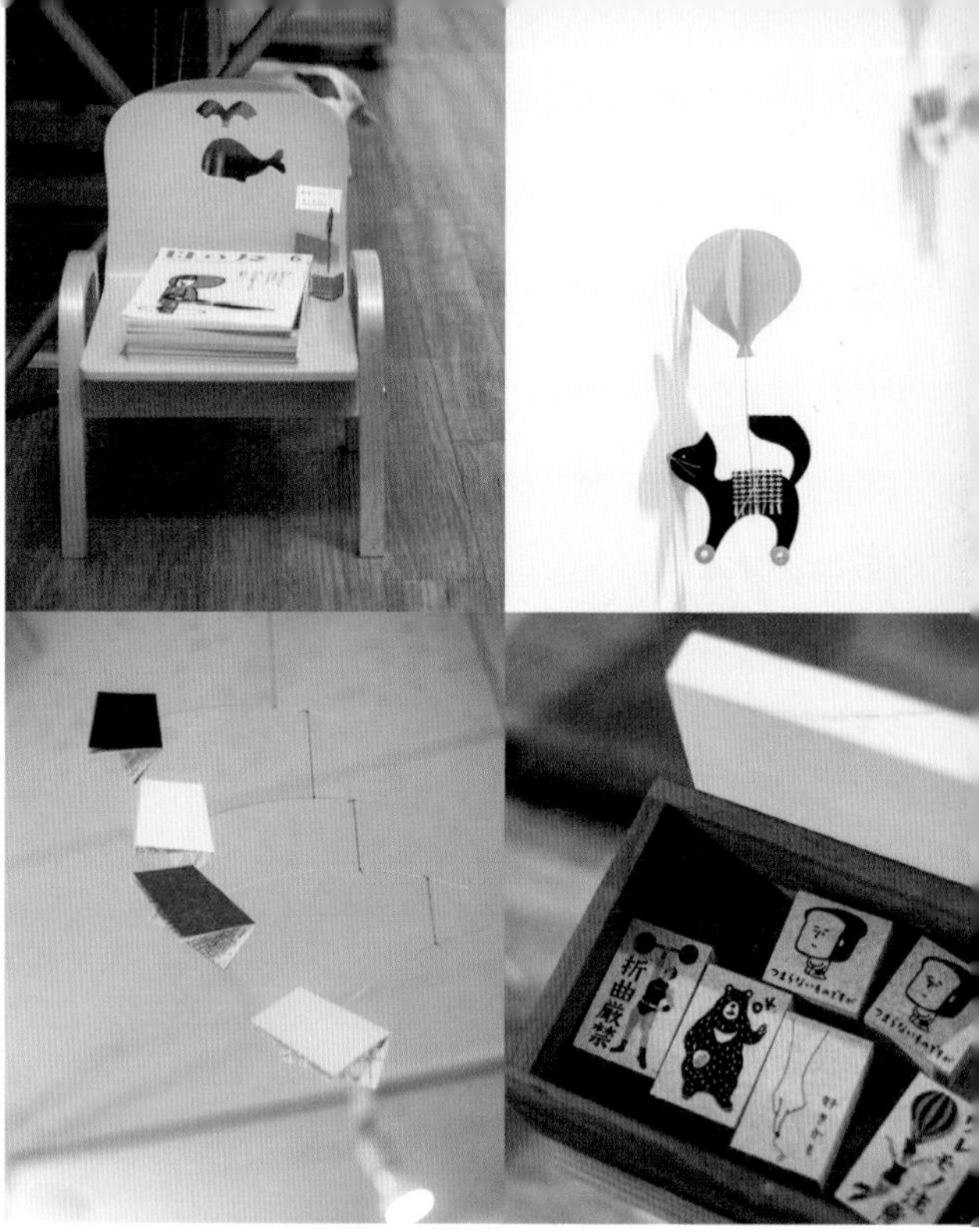

29

(三鷹)

よもぎ BOOKS

Yomogi ブックス

「これが好き」に
出会いに行く場所

My First Book of English Words
かさ
つみきのいえ
世界のはじまり
たくはいびーん
おばけのコックさん
かずあそびえほん
にほんちずえほん
ピアノはっぴょうかい
森の絵本
11ぴきのねことあほうどり
11ぴきのねこ ふくろのなか
11ぴきのねこと へんなねこ
11ぴきのねことぶた
ぼくのぱん わたしのぱん
わたしのワンピース
きんぎょがにげた
ゴリラのおとうちゃん
きょうのおやつは
ふしぎなにじ

三鷹にある絵本の専門店、「よもぎBOOKS」。入った瞬間に目に入ってくるのは、明るい黄色の壁一面に並べられた、たくさんの絵本。空間を思いきって贅沢に使った絵本のための陳列棚です。ひとつひとつの絵本のイラストやデザインを、並べて眺められるようにつくられています。それぞれに個性豊かな顔を持つ絵本の中から「これ！」と選ぶ楽しさは、大人も子どもも変わりません。

たくさんある本の中から1冊だけを選んで面出ししたり平積みしたりする、よくある並べ方にしなかったのは、店長の辰巳《たつみ》末由《まゆ》さんのこだわりです。お店にある絵本はすべて、辰巳さんが目を通し責任を持ってすすめられるもの。「これが今日のおすすめです」と1冊だけをフィーチャーするのではなくて、ゆっくり自

1

大人も子どもも楽しめる本屋さん

2

3

1. 絵本はほとんどが、「顔」である表紙がよく見えるように工夫して並べられています。**2.** 懐かしい絵本や、最近のものまで、たくさんの絵本からお気に入りを見つけましょう。**3.** 読書する間、ゆっくり飲めるようにこだわってブレンドされたオリジナルのコーヒーも販売。

DATA

住　所	三鷹市下連雀 4-15-33 三鷹プラーザ日生三鷹マンション 2F
最寄駅	三鷹
時　間	12：00 ～ 17：30 土日祝 12：00 ～ 18：00
定休日	週二回不定休
電　話	050-6870-6057

分自身の気持ちと向き合って、「私はこれが好き」と思うものを選んでほしい、と言います。

お子さんが絵本に夢中になっている間に自分の読みたい本が選べるように、大人向けの本も用意されています。様々な世代で本を一緒に楽しめるような心遣いに、こちらも優しい気持ちに。

絵本と同じイラストの文具や、気になるデザインの雑貨が置かれているのもよもぎBOOKSの特徴。可愛いイラストの描かれた「本屋さんの珈琲」は、よもぎBOOKSオリジナルブレンド。本を読みながらゆっくり飲めるように、酸味や苦味の出にくい冷めてもおいしい珈琲です。

見て楽しい、たくさんの絵本や雑貨に囲まれて。このワクワクする気持ちを家にも持って帰りたくなる、優しい本屋さんです。

30

(六本木)

文喫

Bunkitsu

1日をかけて「何か」を
探しに行く場所

1

時間を気にせず滞在できる本屋さん

かつて東京の人々に愛された青山ブックセンター六本木店の跡地に、「入場料制」という新しい形態をとる本屋さんが誕生しました。

どんな場所に生まれ変わったんだろうと足を運ぶと、天井の高い吹抜け空間に、当時の面影が残されています。1階の入り口には企画展、続いて雑誌のコーナー。レセプションで入場料を支払って階段を登ると、びっしりと本の並ぶ「選書室」と、カウンター式で集中できそうな「閲覧室」、さらに広々とソファや椅子が配置され、軽食をとることのできる「喫茶室」もあります。様々な仕組みは、全て「時間に縛られずに、本をじっくり探してもらう」ために用意されたもの。仕事の合間、ヒントを得るために本棚に手を伸ばしたり、本好き同士でおすすめを紹介しあったり。もちろん一日中、ただただ読書に没頭するもよし。様々なスタイルで本と向き合うことができます。

平台に並ぶのは上から下まで全て違うタイトル。少しずつ見えるようにあえて「乱して」重ねます。棚も細かくジャンル分けせず、積み重なる本、横に並ぶ本が、それぞれ少しずつ関連しながら並び、あえて「探しづらく」することで思いもしなかった本との出会いをつくっています。そのため、版元の倉庫に眠っていた「一体、誰が買うんだろう」と思うような本ほどよく売れていくとのこと。本好きにとっても、本との新しい出会い方を体感できます。

この本屋さんには「売れ筋」のようなものはありません。「何か見つけたい」「何か知りたい」というひとりひとり全く異なる知的好奇心に答えてくれるものが待っている場所です。

3

2

1. 少しずつずらして重ねられた本。上と下の本のつながりを想像するのもおもしろい。2. びっしりと本の並ぶ「選書室」。3. じっくり1日かけて欲しいものを探せる「閲覧室」。4. 上質な家具が配置され、集中できる場所がたくさんあります。

4

DATA

住　所	港区六本木6-1-20 六本木電気ビル1F
最寄駅	六本木
時　間	9：00～20：00
定休日	不定休
電　話	03-6438-9120
入場料	1650円（税込） 土日祝　2530円（税込）

31

(ときわ台)

本屋イトマイ

Honya Itomai

日々の暇《いとま》を
思う存分堪能する場所

ラーメン考
甘味の誘
青空

2

4

5

1-3. ドライフラワーやスワッグがリラックスできる雰囲気を演出。**4.** カフェスペースに並ぶ古本は自由に読めます。**5.** カフェでいただけるのは、クリームソーダやプリンなど、ちょっと懐かしい喫茶店メニュー。**6.** ゆったりくつろげる空間で、心がやすらぎます。

6

1

3

右．ヴィンテージ家具を使った本の並べ方もおもしろく、ワクワクします。**左．**「街の本屋さん」として月刊誌も並びます。

DATA

住所　板橋区常盤台1-2-5 町田ビル2F
最寄駅　ときわ台
時間　12:00〜19:30※
定休日　不定休
電話　なし
※最新の営業時間はSNSで確認できる

表現の場としての“本屋”

ときわ台駅を出てすぐの雑居ビル。階段を上がって振り返ると、思わず「わぁ」と声をあげてしまうワンダーランドのような空間が広がっています。

オーナーは、B&B（88頁）のオーナーである内沼晋太郎《うちぬましんたろう》さん主催の「これからの本屋講座」を受講された鈴木永一《すずきえいいち》さん。現代アートに興味があり、元々はデザイナーとして活躍された鈴木さんは、本屋B&Bに出会ったことがきっかけで、「〝本屋をやる〟というのも、ひとつの表現だ」と気づかれたのだとか。流行りの街よりもローカルに密着した街で本屋を開きたいと、ときわ台という場所を選ばれました。「街の本屋さん」として普段使いもできるように月刊誌も販売。偏った選書になりすぎないことにこだわっていると言います。

こちらのお店、大きな骨組みなどの部分をのぞいて、内装はほとんど鈴木さんご自身で黙々と作業し完成させたのだそう。ドライフラワーを含むたくさんの植物、古材を打ちつけたレジカウンター、そして、ずっと籠っていたくなるようなワクワクするロフト。書斎机やソファなど、ヴィンテージの家具を並べたカフェコーナーは、ひとつひとつの席が目線が合わないように設計されていて、この空間の雰囲気に浸りながらじっくりと本を読んだり、プリンやチーズケーキなど手作りのスイーツを楽しんだりもできます。

「人がまだやっていないことをやり続けられる実験室のような場所です」と鈴木さん。朗読会や読書会などのイベント開催に限らず、新たな試みも企てているそう。

「本屋イトマイ」は有機的に変化していくひとつの現代アート作品のようです。

32

（阿佐ヶ谷）

古書コンコ堂

Kosho Konkodo

阿佐ヶ谷の宝の山

「ごちゃごちゃ」から探し出す喜び

玉と石、よいものとそうでないもののが入り混じった状態を指す「玉石混淆」を店名の由来にもつ「古書コンコ堂」。それがどちらなのかは受け取る側の気持ちによるもの。色々なものがごちゃごちゃした場所にしたいと店長の天野智行《あまのともゆき》さんは語ります。

場所は阿佐ヶ谷駅の北口に続く商店街を歩いて5分ほど。元は金物屋さんだった建物で、解体や壁の塗装のほとんどを自分たちで行いました。下が末広がりの形が特徴的な本棚は、西荻窪の工務店さんが簡単に安くつくれるよう考えてくれた特注品です。ちょっとしたスペースに飾られている様々な雑貨は、各地の骨董市で見つけたものもたくさんあるそう。

若い常連さんからご近所のおじいさんまで、絶えず人が訪れる店内。かなり古い文学作品や落語集、コミックもあれば、音楽や映画、写真集など芸術関連の本も充実していて、なんとなく「阿佐ヶ谷っぽさ」を感じたのですが、そのほとんどは、このお店に来る人たちがつくり上げたもの。古本はほとんど、このお店に持ち込まれ買い取ったものなのです。中古レコード屋さんで山のようにあるレコードの中から目当てのものを探すことを「ディグる」なんて言いますが、コンコ堂で本を探すのはそれに似た感覚です。

かくいう私も、ずっと欲しかった写真集をお手頃価格で手に入れてしまって、ひとりホクホク。阿佐ヶ谷の魅惑的な宝の山がここにありました。

阿佐ヶ谷の商店街によく似合い、様々な年代の人がふらりと訪れるコンコ堂。

DATA

住　所	杉並区阿佐谷北 2-38-22 キリンヤビル 1F
最寄駅	阿佐ヶ谷
時　間	12:00 〜 20:00 土日祝 12:00 〜 19:00
定休日	火
電　話	03-5356-7283

上.買取をした本がざっくりと並ぶ本棚。様々な来歴の雑貨がアクセントです。
右.この日は、壁を使ったアート展も開催されていました。ポップな作品がお店によく似合っています。

33

（代々木八幡）

SO BOOKS《ソー ブックス》

センスのよい
本棚を覗きに

写真に詳しい知り合いの本棚を覗きに

代々木八幡駅にほど近い、高架の横にひっそりと佇む、写真集やアートブック専門の古書店「SO BOOKS」。店主、小笠原郁夫《おがさわらいくお》さんの確かな審美眼に惹かれて、プロの写真家も多く訪れる名店です。

小さなスペース、左右には天井まで本が収まるつくりつけの頑丈な本棚。きっちりとカテゴライズするのではなく、いい意味で「いい加減」な、意外性のある並べ方を心がけているそう。なるべく偏りがないように集められた約2000冊の蔵書全て、小笠原さんはどこに何があるか把握していて、どういったものを探しているか伝えれば探すのを手伝ってもらえます。2000冊というのは、「それができるちょうどいいボリューム感」なのだとか。

カウンターの上には、オレンジの光が優しいヤコブセン・ランプが2つ。右側の額装された大きなプリントは、日本の写真家、佐藤時啓《さとうときひろ》さんの作品。長時間露光によって人魂のような光がいくつも映し出された幻想的な風景に、お店に訪れるたびつい見入ってしまいます。他に、よくお店にやってくるという写真家、金村修《かねむらおさむ》さんの作品など、プリント作品も扱っています。

写真に詳しい知り合いの家の本棚をちょっと見せてもらう、そんな雰囲気が居心地よいSO BOOKS。本棚にお気に入りの1冊を加えたくなった時、人に気の利いたプレゼントをしたい時、相談に来たくなる場所です。

右上. 真ん中には、写真集を開いてじっくり中身を確認できるように棚が置かれています。**右下.** 約2000冊の選りすぐりの写真集、アートブックがぎっしりと並ぶ空間。**上.** 大判の本までしっかりと並べることのできる、頑丈なつくりの本棚。

DATA

住所　渋谷区上原1-47-5
最寄駅　代々木八幡、代々木公園
時間　14：00～19：00※
定休日　日・月
電話　03-6416-8299
※臨時休業あり。HPで確認できる

おわりに

たくさんの本が並ぶ空間で、ふと目に止まった1冊を手に取る。表紙のデザインや紙の質感を肌で感じながら、その世界に惹き込まれていく。少し前までは当たり前だった、そんな「本との出会い方」が、今やかけがえのない体験になっています。

コロナ禍を経て改訂版を出すにあたり取材をさせていただいた「SNOW SHOVELIG」（52頁）店長の中村秀一《なかむらしゅういち》さんの言葉が、とても印象的でした。「本屋さんをやるということは、雪かきと同じで、『誰かがやらなくてはいけない仕事』だということ」。もともとは、村上春樹さんの著書『ダンス・ダンス・ダンス』での主人公のセリフです。誰かの居場所となるために、あるいは、人生を変えるような1冊との出会いを届けるために。本の並べ方一つひとつにこだわって、時には店内でのイベントを開催したり、じっくりと本と向き合えるようなカフェスペースを提供したり。誰かにとっての「きっかけ」になれるように、たくさんの試行錯誤を繰り返しながら「本屋さん」を続けていく。どのお店でお話を伺っていても、そんな強い想いや覚悟をみなさんが持たれているように感じました。

オンラインでいろんなことができるようになった今だからこそ、リアルの空間としての「本屋さん」は、他にはない特別な時間を過ごせる個性豊かなお店が増えています。自分のとっておきの「居場所」としての本屋さん、そして、そんな小さな本屋さんがたくさんある街、東京の魅力は、ますます増していくのかもしれません。

本書を作るにあたって、ご多忙の中、丁寧に取材に応じて下さったお店の皆様に深く感謝申し上げます。

この本も、ふと思いたって足を運びたくなるようなお気に入りの本屋さんを見つける「きっかけ」になることができたら、とても嬉しく思います。

RH
例解
新漢和辞

佛像の起源
高田修著
未来人サイジョー
いましろたかし
未来人サイジョー
いましろたかし
未来人サイジョー
いましろたかし
弥次喜多 in DEEP 1
しりあがり寿
弥次喜多 in DEEP 2
しりあがり寿
弥次喜多 in DEEP 3
しりあがり寿
弥次喜多 in DEEP 4
しりあがり寿
アフター・リベラル
見えないアメリカ
次世代ウェブ
ガウディの伝言
ユダヤ人と近代美術
映画を早送りで観る人たち
人と思想 本居宣長
人と思想 ミダース王
パウロ
ミリンダ王
日常世界を哲学する

甘味の誘
ラーメン考
カレーライス
下町暮らしの日々

lifestyle for foodies
Nº01 AUTUMN 2016
特集
Nº02
酒に乾
三四郎
行人
草枕・二百十日
虞美人草
坊っちゃん
重力の都
杏子・妻隠
猫語の教科書
草の上の朝食
海辺の光景
遊び時間2
オーランドー
存在と時間 上
存在と時間 下
人間の条件
砂の女
東京の昔
小津安二郎 東京グルメ案内
灯台へ
白い人 黄色い人
暗い旅
不在の騎士
火星レンバ
ニッポンの猫
おだやかな部屋
ブレーンソング
小島たち
余白の芸術
青空

田村美葉

（たむら みは）

1984年生まれ。金沢市出身。東京大学文学部卒（美学藝術学専修）。エスカレーターマニア。大学入学を機に上京して以来、都会の景色に魅了され、エスカレーター専門サイト「東京エスカレーター」を立ち上げる。著書に『できるだけがんばらないひとりたび』（KADOKAWA）、『すごいエスカレーター』（エクスナレッジ）。

東京の美しい本屋さん 最新改訂版

2023年11月27日　初版第1刷発行

著　者　田村美葉

発行者　三輪浩之

発行所　株式会社エクスナレッジ
〒106-0032　東京都港区六本木7-2-26
https://www.xknowledge.co.jp/

問合先　［編集］TEL. 03-3403-1381　FAX. 03-3403-1345
info@xknowledge.co.jp
［販売］TEL. 03-3403-1321　FAX. 03-3403-1829